Thomas Janßen

Stevia

Süßes Kochen und Backen mit Stevia

Thomas Janßen

Stevia

Süßes Kochen und Backen mit Stevia

Impressum

Alle Rechte, auch die der Übersetzung, vorbehalten. Kein Teil des Werkes darf in irgendeiner Form (Druck, Fotokopie, Mikrofilm oder einem anderen Verfahren) ohne schriftliche Genehmigung des Autors oder des Verlages reproduziert oder unter Anwendung elektronischer Systeme verarbeitet, vervielfältigt oder verbreitet werden.

Bibliografische Information der Deutschen Nationalbibliothek
Die Deutsche Nationalbibliothek verzeichnet diese Publikation in der Deutschen Nationalbibliografie; detaillierte bibliografische Daten sind im Internet über http://dnb.d-nb.de abrufbar.

Bei der Zusammenstellung von Texten und Abbildungen wurde mit größter Sorgfalt vorgegangen.
Trotzdem können Fehler nicht vollständig ausgeschlossen werden.Verlag, Herausgeber und Autoren können für fehlerhafte Angaben und deren Folgen weder eine juristische Verantwortung noch irgendeine juristischen Verantwortung übernehmen.
Für Verbesserungsvorschläge und Hinweise auf Fehler sind Verlag und Herausgeber dankbar.
Die gewerbliche Nutzung der in diesem gezeigten Abläufe und Verfahren ist nur mit schriftlicher Zustimmung des Autors zulässig.

Alle Rechte vorbehalten

Copyright: © 2010 Michaels Verlag

Stevia Süßes Kochen und Backen

1. Auflage August 2010

ISBN: 978-3-89539-099-9

Michaels Verlag
Ammmergauer Str. 80
86971 Peiting
Tel.: 08861 - 59018 Fax: 08861 - 67091
www.michaelsverlag.de

Inhaltsverzeichnis

Hinweis zur Stevia-Probe

Aufgrund der eingeschränkten Verkehrsfähigkeit (Stevia oder Steviaerzeugnisse sind in der EU noch nicht als Lebensmittel zugelassen) dient die im diesem Buch mitgelieferte Steviapulver-Probe lediglich als Anschauungsmaterial, zum kosmetischen Gebrauch oder als Mund- oder Dentalpflegemittel.

Vorwort

Liebe Leser und Leserinnen wie bin ich dazu gekommen ein Koch- und Backbuch mit Stevia zu schreiben?

Zum ersten Mal kam ich mit der Pflanze, die umgangssprachlich auch Süßkraut genannt wird in Berührung als eine Mitarbeiterin mir diese Pflanze vom Wochenmarkt mitbrachte. Ich war erstaunt über dessen starken, süßen Geschmack. Leider hatte diese einen sehr starken, bitteren Beigeschmack so dass ich dieser keine weitere Beachtung schenkte.

Erst später als ich mich mit der Trennkost beschäftigte und damit mehr als 20 kg abnahm stieß ich erneut auf Stevia. Dadurch und meine darauf beginnende Tätigkeit als Trennkostleiter und Dozent veranlasste mich das Stevia genauer und intensiver unter die „Lupe" zu nehmen.

Leider gibt es Stevia noch nicht im Handel oder nur vereinzelt in Reformhäusern. Hinzu kam, dass trotz der zahlreichen Funde von Stevia und dessen Produkten im Internet ob als Pulver oder flüssig diese leider gravierende Unterschiede haben.

Die Hersteller haben zum Beispiel beim flüssigen Stevia unterschiedliche Konzentrationen oder beim Steviapulver unterschiedliche Zusammensetzungen. Dieses hat zur Folge dass alle Produkte eine unterschiedliche Süßkraft und einen unterschiedlichen „guten oder schlechteren" Geschmack haben.

Dieses ruht zum größten Teil auf Zusammensetzung der Steviolglykoside. Dabei ist die Zusammensetzung ausschlaggebend, umso höher der Anteil an Rebausiosid-A ist umso Zuckerähnlicher ist der Geschmack.

Steviapulver das nahezu 100 % Rebaudioside enthält hat keinen bitteren Bei- oder Nachgeschmack. Jedoch liegt der Preis je Kilo bei dieser Qualität bei über 1.000 Euro.

Im Stern TV (RTL) testeten Personen aus dem Publikum Produkte die zum einen mit Stevia und zum anderen mit Zucker gesüßt wurden. Deren Fazit war, dass Stevia und deren Süße im Vergleich zu Zucker in Lebensmitteln, bei einigen als angenehmer wahrgenommen wurde. Entscheidend ist wohl die Einstellung und der eigene individuelle Geschmack.

Problematisch wird die Verwendung von Stevia überall dort wo Zucker als Volumenmenge verwendet wird, beispielsweise beim backen. Streusel für Kuchen oder karamellisieren geht einfach nicht ohne Zucker.
Auch bei Geschmacklich feinen Lebensmitteln wie Tee oder Kaffe kann der Beigeschmack des Stevia störend sein.

Beachten Sie bei der Verwendung von Stevia bitte darauf, das hier nicht wie sonst üblich beim süßen gilt, je mehr umso süßer.
Anders als beim Zucker und bei den Süßstoffen gibt es bei zu viel verwendeten Stevia einen bitteren Nachgeschmack.

Richtige Dosierung, bzw. einhalten der getesteten Rezepte garantieren einen guten Geschmack.

Warum haben Sie dieses Buch gekauft?

Vielleicht haben sich dieses Buch gekauft um Ihr Wunschgewicht zu erreichen oder, sich einfach nur gesund und natürlich zu ernähren oder um einfach nur um auf Zucker zu verzichten.

Eines ist sicher! Ihren Vorhaben kommen Sie mit Stevia und daraus hergestellten Produkten und Waren ein großes Stück näher.

Ein Kilo Hüftgold (Körperfett) entsprechen ca. 7.000 Kalorien. Um dieses Gewicht zu verlieren brauchen Sie beispielweise nur auf fast 2 kg Zucker verzichten oder diese durch Stevia ersetzten.

Stevia zur Zahnpflege (Parodontosevorbeugung)
Stevia wirkt vorbeugend gegen Parodontose, Karies und Zahnfleischentzündungen.
Es verhindert vor allem durch sein Chlorophyll und das Vitamin C das Wachstum unerwünschter Bakterien.

In vielen Ländern wie Brasilien und Japan ist Stevia in Zahnprodukten wie zum Beispiel Zahnpasta oder Mundwasser enthalten. Man kann auch seine Munddusche mit einigen Tropfen Stevia flüssig anreichern und so der Plaquebildung und dem Zahnverfall vorbeugen.

Aufgrund der eingeschränkten Verkehrsfähigkeit (Stevia oder Steviaerzeugnisse sind in der EU noch nicht als Lebensmittel zugelassen) bieten die meisten Hersteller Stevia lediglich als Anschauungsmaterial, zum kosmetischen Gebrauch oder als Mund- oder Dentalpflegemittel an.

**Eine Zulassung in der EU steht jedoch
kurz vor Abschluss!**

© *emer* -Fotolia.com

Kapitel 1

Was ist Stevia

Was ist Stevia

Die Stevia rebaudiana, umgangssprachlich nur STEVIA genannt ist eine in Südamerika beheimatete Pflanze.

Die den Ureinwohnern seit Jahrhunderten bekannte Pflanze und dessen süßende Wirkung entdeckte der Schweizer Botaniker Moises Giacomo Bertoni. Dieser gab der Pflanze den Namen *Stevia rebaudiana* Bertoni.

Das Stevia ist in Südamerika und vielen anderen Ländern das traditionelle Süßungsmittel für Tee, Getränke, Koch- und Backspeisen.

Aufgrund seines natürlichen Vorkommen und der Eigenschaft Parodontose vorzubeugen sowie der Eigenschaft nahezu NULL Kalorien zu haben wird Stevia als Süßungsmittel der Zukunft bezeichnet.

Je nach Produkt und Sorte können Steviaprodukte eine Süßkraft haben die dem bis zu 300 fachen Wert von Zucker entspricht. Das heißt für 300 g Zucker benötigen Sie nur 1 g Stevia.

Kapitel 2

Tipps – Tricks und Hinweise

Tipps – Tricks und Hinweise

Dosierung

Die Angaben in diesem Buch beziehen sich immer auf **gestrichene Dosierlöffel** (Dosierlöffel fasst 0,1 ml) und auf Steviapulver mit einer Süßkraft des **200 fachen Wertes** von Zucker.

Wenn sie keinen Dosierlöffel zur Hand haben, nehmen Sie stattdessen eine Messerspitze.

Vorsichtig dosieren!
Wenn sie zu viel nehmen, schmeckt ihre Speise bitter.

Stevia und Steviaprodukte

Die in diesem Buch beschriebenen Rezepte wurden unter Zugabe von Produkten der Marke erstellt. Beachten Sie bei der Verwendung von Produkten anderer Hersteller, dass Geschmack und Süße dabei erheblich abweichen können.

Stevia flüssig (10 % Lösung)

Lösen sie von dem Steviapulver 1 g (30 gestrichene Dosierlöffel) in 1 cl Wasser (halbes Schnapsglas) auf und geben sie dieses entsprechend den Rezepten, tropfenweise zu.

Beachten Sie bitte, dass dieses im Gegenteil zum käuflich erwerblichen, flüssigen SteviaSana nur sehr kurz haltbar ist.

Mengenangaben

In verschiedenen Rezepten sind die Angaben nicht aufs zehntel Gramm genau. Das unterschiedliche Geschmacksempfinden der Süße von Stevia ist bei jedem Menschen anders. Der eine mag es lieber süß und der andere lieber nicht. Versuchen Sie deshalb Ihren Geschmack so zu treffen, dass Sie anfangs mit der kleinsten Mengenangabe starten und diese dann nach Ihrem Geschmack erhöhen.

Schmecken sie am Anfang immer ab,
bis sie ein Gefühl für die optimale Dosierung bekommen.

Wasserbad
Stellen sie einen Topf halbgefüllt mit Wasser auf dem Herd
(Herd-Stufe: ca. 5 von 9). Auf dem Topf stellen Sie eine halb-
runde Schüssel in der Sie zum Beispiel die zerkleinerte
Schokolade hinein geben.

Gelatine
Lösen Sie Gelatine am besten auf indem Sie diese mit etwas Flüssigkeit in einem kleinen Topf geben und diesen
auf dem Herd (Stufe 1 bis 2) langsam erwärmen.
Sind die Zutaten in denen die Gelatine untergerührt werden soll, wie zum Beispiel Joghurt oder Sahne zu kalt kann
es vorkommen, dass die flüssige Gelatine beim unterrühren
klumpt.

Geschmack und Fett
Leider haben Fette die besondere Eigenschaft Geschmacks-
stoffe besonders gut zur Geltung zu bringen. Das heißt
letztendlich eigentlich nur, dass Speisen und einzelne Lebensmittel in der Regel besser schmecken je höher deren
Fettgehalt ist.

Ein Tzaziki hergestellt mit 40 % Quark schmeckt Ihnen
wahrscheinlich besser als ein Tzaziki hergestellt mit Magerquark oder zum Beispiel ein Milchshake mit Vollmilch, etwas Sahne und vielleicht sogar etwas Creme Double bringt
Ihre Geschmacksknospen so richtig in Wallung.

Vielleicht kennen Sie noch „Oma's Tipp": tu noch ein Stück
Butter mit hinein und es schmeckt viel besser. Leider ist
dieser Tipp in der heutigen Zeit bei massenhaftem Über-
gewicht nicht mehr angebracht.

Vielmehr sollten Sie den Fettanteil in Ihrem essen redu-
zieren. Vielleicht geschieht dieses anfangs auf kosten des

Geschmacks, Sie werden sich aber schneller daran gewöhnen als Sie glauben.

Milch

Verwenden Sie anstelle von Vollmilch mit 3,5 % Fettgehalt besser fettarme Milch mit 1,5 % Fettgehalt oder noch besser Magermilch mit nur 0,3 % Fettgehalt.
Sie sparen je Liter fettarme Milch 170 Kalorien und je Liter Magermilch sogar 310 Kalorien im Vergleich zur Vollmilch.

Quark

Wie bei der Milch können Sie auch beim Quark Kalorien, bzw. Fett sparen. 1 Schale (250 g) Quark mit 20 % Fettgehalt erspart Ihnen 125 Kalorien und 1 Schale Magerquark sogar 220 Kalorien.

Zucker

Durch die Verwendung von Stevia sparen Sie je Tüte (1 kg) Zucker sage und schreibe fast 4.000 Kalorien.

Fette und Öle

Bedenken Sie, dass zum Beispiel 1 Liter Sonnenblumenöl 9.000 Kalorien oder 1 kg Butter 7.510 Kalorien hat.

Sahne

Verwenden Sie anstelle von Schlagsahne mit 30 % Fettgehalt besser Sauerrahm oder saure Sahne und sparen dadurch, je Becher (200 g) 370 Kalorien.

Joghurt

Normaler Joghurt mit 3,5 % Fettgehalt hat im Vergleich zu einem Becher (150 g) Magerjoghurt fast 50 Kalorien mehr.

Kapitel 3

Leckere Getränke

Limonaden

Leckere Limonaden selber herzustellen ist ganz einfach und sehr gesund zugleich. Wir ersetzen den Zucker durch Stevia und beugen so zugleich noch Zahnbelag und Zahnfleischbluten vor.

In diesem Kapitel zeige ich Ihnen wie zu einem verschiedene Sirupe für Limonade hergestellt werden, die mit kohlensäurehaltigem Wasser aufgegossen werden.
Je nach Kohlensäuregehalt können Sie Mineralwasser mit wenig, mit viel oder ohne Kohlensäure für die Limonade verwenden.

Beachten Sie bitte das durch die Verwendung von Stevia, anstelle von Zucker, die flüssig, nicht wie gewohnt dickflüssig zu Sirup wird.
Sollten Sie kein Kohlensäurehaltiges Wasser zur Hand haben ist die Verwendung von Leitungswasser in Verbindung mit Natron eine gute Alternative.

Beachten Sie hierbei bitte dass der Limo, in einer Flasche etwas einem viertel Kaffeelöffel Natron zugegeben wird und die Flasche schnell verschlossen werden muss.

Besonders sprudelig wird es wenn Sie noch zusätzlich einen Viertel Kaffeelöffel Weinsteinpulver zusammen mit dem Natron hinein geben.
Die Zugabe, der Kombination von Natron und Weinsäure ist Ihnen sicherlich von Brausepulver bekannt.

© *loppu*-Fotolia.com

Heidelbeerlimonade

Zutaten für eine Flasche Wasser (0,7 Liter)

1 leere Flasche (0,7 Liter)
300 ml Heidelbeersaft

10 bis 15 gestrichene gestrichene Dosierlöffel SteviaSana -
Steviosid Pulver-Extrakt
oder
100 bis 150 Tropfen (1 bis 1,5 cl) SteviaSana flüssiges
Stevia Konzentrat

Mineralwasser

Zubereitung

Verrühren Sie den Heidelbeersaft mit dem Stevia, gießen diesen in eine leere Flasche und füllen es mit Mineralwasser auf.

Anschließend die Flasche einige Mal leicht Schütteln – vorsichtig bei stark kohlensäurehaltigem Wasser.

Je nach Geschmack leicht oder gut gekühlt servieren.

Tipp!

Variieren Sie das Mineralwasser je nach Geschmack mit Kohlensäure, Medium oder Still.

© *Dušan Zidar* -Fotolia.com

Zitronenlimonade

Zutaten für eine Flasche Wasser (0,7 Liter)

1 Flasche (0,7 Liter) Mineralwasser
1 bis 2 Stück Zitronen oder Limonen

10 bis 14 gestrichene Dosierlöffel SteviaSana - Steviosid Pulver-Extrakt

Zubereitung

Pressen Sie die Zitronen aus und verrühren den Saft mit dem Stevia. Öffnen Sie die Flasche Wasser, entnehmen einen Schluck von diesen und füllen es mit dem Zitronensaft wieder auf.

Geben Sie anfangs den Zitronensaft sehr langsam hinzu – beim zu schnellen einfüllen sprudelt das Mineralwasser über!

Anschließend die Flasche einige Mal leicht Schütteln – vorsichtig bei stark Kohlensäurehaltigem Wasser.

Je nach Geschmack leicht oder gut gekühlt servieren.

Tipp!

Variieren Sie das Mineralwasser je nach Geschmack mit Kohlensäure, Medium oder Still.

Limonen-Sirup

Zutaten für etwas 300 ml

200 ml Wasser
8 Limetten (Bio)

25 gestrichene gestrichene Dosierlöffel SteviaSana - Steviosid Pulver-Extrakt

Zubereitung

Reiben Sie mit einer feinen Reibe die Schale von den Limetten ab und pressen diese mit einer Zitronenpresse aus.

Kochen Sie das Wasser mit dem Steviapulver und den Limettenabrieb auf und rühren bis das Stevia sich auflöst.

Lassen Sie den Sirup abkühlen und rühren anschließend den Limettensaft unter. Das ganze können Sie dann in eine Flasche abfüllen und haben es dann jederzeit im Kühlschrank griffbereit.

Geben Sie je nach gewünschter Geschmacksintensität etwas von dem Sirup in ein Glas und füllen es mit Mineralwasser auf.

Tipp!

Wenn Ihnen der Limettenabrieb nicht zusagt oder stört können Sie diesen nach dem aufkochen heraussieben oder von Anfang an weglassen.

© *ChantalS* -Fotolia.com

Mixgetränk

Zutaten für etwas 300 bis 500 ml

10 cl Limonen-Sirup
10 cl Anannassaft
Chrush Eis

Geben Sie den Sirup und den Ananassaft in ein großes Glas oder einen großen Krug. Geben Crush Eis (zerkleinerte Eiswürfel) hinzu shaken (schütteln) alles gut durch und füllen dieses mit Mineralwasser auf.

Den Sirup und den Ananassaft messen Sie am besten mit Hilfe eines Schnapsglases ab. Ein Schnapsglas hat in der Regel 2 cl.

Einfach nur Lecker!

Kapitel 4

Salat, Soßen und Dipps

© *Okea*-Fotolia.com

Cocktail-Soße

Zutaten für 200 ml

100 g Mayonnaise - siehe Rezept „schnelle Mayonnaise"

50 g Joghurt, natur
2 Esslöffel Tomatenmark
8-10 Esslöffel Ananas- oder Orangensaft (ohne Zucker)
1 Messerspitze Meerrettich

5 bis 10 Tropfen SteviaSana - flüssiges Stevia Konzentrat

Zubereitung

Alle Zutaten mit dem Schneebesen gut vermischen und je nach Geschmack noch etwas nachwürzen.

Abnehm-Tipp!

Je nach Geschmack verringern Sie den Mayonnaisenanteil und erhöhen den Joghurtanteil.

Schnelle Mayonnaise

Zutaten für 150 g

1 Stück Ei
1 Kaffeelöffel Essig
1 Prise weißer Pfeffer
¼ Kaffeelöffel Dijonsenf (ohne Zucker)
1 Spritzer Worchestersoße
etwas Salz
0,1 Liter Öl

5 Tropfen SteviaSana - flüssiges Stevia Konzentrat

Zubereitung

Alle Zutaten – bis auf das Öl - mit dem Stabmixer einmal verrühren.

Das Öl auf einmal zugeben und einmal durchmixen, fertig.

Balsamico Dressing

Zutaten für etwa 100 ml Dressing

1 Kaffeelöffel Senf, mild
7 Esslöffel Balsamico, hell
3 Kaffeelöffel Olivenöl
Salz
Pfeffer, weiß

5 bis 10 Tropfen SteviaSana - flüssiges Stevia Konzentrat

Zubereitung

Verrühren Sie alle Zutaten und schmecken das ganze mit Stevia, Salz und Pfeffer ab.

Hinweis!

Das Dressing ist sehr intensiv und wird daher nur sehr sparsam verwendet. Am besten geben Sie den Salat in eine Schüssel und vermengen diesen mit etwas vom Balsamico Dressing.

Abnehm-Tipp!

Achten Sie bei der Verwendung von Senf darauf dass dieser Zuckerfrei ist. Normaler Senf enthält etwa 60 g Zucker je Glas.

Italienisches Salat-Dressing

Zutaten für 250 ml

1 kleine Zwiebel
5 Stück Cornichons
½ Knoblauchzehe
100 ml Rotweinessig
½ Kaffeelöffel Senf
1 Esslöffel Petersilienblätter
2 Esslöffel Wasser
3 Esslöffel Sonnenblumenöl
3 Esslöffel Olivenöl
Salz
Pfeffer

einige Tropfen SteviaSana - flüssiges Stevia Konzentrat

Zubereitung

Schneiden Sie die Zwiebel, die Cornichons und den Knoblauch in Würfel. Geben Sie bis auf das Öl alle Zutaten in einen Mixbecher und verrühren alles mit dem Stabmixer. Geben Sie anschließend, beim mixen das Öl nach und nach hinzu und schmecken das Dressing mit Stevia, Salz und Pfeffer ab.

© *Fatman73*-Fotolia.com

Kopfsalat an Zitronen- Sahnedressing

Zutaten für vier Personen

1 bis 2 Kopfsalate, geputzt
1 Becher Sahne (200 ml)
1 Zitrone

1 bis 2 gestrichene Dosierlöffel SteviaSana - Steviosid Pulver-Extrakt
oder
10 bis15 Tropfen SteviaSana - flüssiges Stevia Konzentrat

Zubereitung

Den Kopfsalat in einzelne Blätter zerlegen. Kurz, aber sorgfältig in reichlich kaltem Wasser waschen und in einer Salatschleuder trocken schleudern.

Schlagen Sie die Sahne mit einem Mixer cremig, aber nicht ganz steif.

Pressen Sie die Zitrone aus und verrühren den Saft zusammen mit dem Stevia und der Sahne.

Den Kopfsalat mit dem Dressing gut vermischen und in vier Portionen aufteilen.

Tipp!

Sie können den Salat zur Abwechslung Mandarinenstücke beigeben. Bei der Verwendung von Dosenmandarinen darauf achten das diese Zuckerfrei sind.

Abnehm-Tipp!

Verwenden Sie anstelle von Sahne besser Buttermilch oder Schmand. Halb Sahne und Halb Schmand schmeckt sehr lecker.

Quark-Dip

Zutaten für vier Personen

500 g Magerquark
100 – 150 ml Mineralwasser
1 mittelgroße Zwiebel
1 Knoblauchzehe
8 Stängel Petersilie
½ Topf Schnittlauch
Salz
Pfeffer

einige Tropfen SteviaSana - flüssiges Stevia Konzentrat

Zubereitung

Den Schmand mit Salz, Pfeffer und einigen Tropfen, flüssigen Stevia abschmecken.

Den Schnittlauch waschen, in sehr feine Ringe schneiden und unter den Schmand rühren.

Tipp!

Etwas frischer, fein gehackter Knoblauch rundet den Geschmack noch ab.

Abnehm-Tipp!

Sie können auch einen Teil des Schmand mit Joghurt ersetzen.

Besonders lecker hierzu schmecken Pellkartoffeln oder einfach nur Rohkost (Gemüse-Sticks aus zum Beispiel: Gurke, Kohlrabi, Karotten, Rettich, Paprika, Radieschen oder Lauchzwiebeln).

Schichtsalat

Zutaten für vier Personen

Salat

200 g Chinakohl
1 kleine Dose Ananasringe ohne Zucker
1 kleines Glas Selleriestreifen

Zubereitung

1. Schicht: Schneiden Sie den Chinakohl in feine Streifen, waschen diesen und geben (schichten) die die Hälfte in eine Glasschüssel.

2. Schicht: Gießen Sie den Saft der Ananasringe ab und stellen den Saft zur Seite. Schneiden Sie die Ringe in Stücke und schichten diese auf den Chinakohl.

3. Schicht: Tropfen Sie den Sellerie ab und schichten diesen auf die Ananasstücke.

4. Schicht: Geben Sie auf den Sellerie den restlichen Chinakohl.

1 Esslöffel Mayonnaise
8 Esslöffel Joghurt
10 Esslöffel Ananassaft
1 Kaffeelöffel Kräuter
¼ Kaffeelöffel Salz
10 Esslöffel Ananassaft
200 g geriebener Käse

einige Tropfen SteviaSana - flüssiges Stevia Konzentrat

Zubereitung

Verrühren Sie bis auf den Käse alle Zutaten und geben das Dressing über den Salat.

5. Schicht: Streuen Sie den geriebenen Käse oben auf.

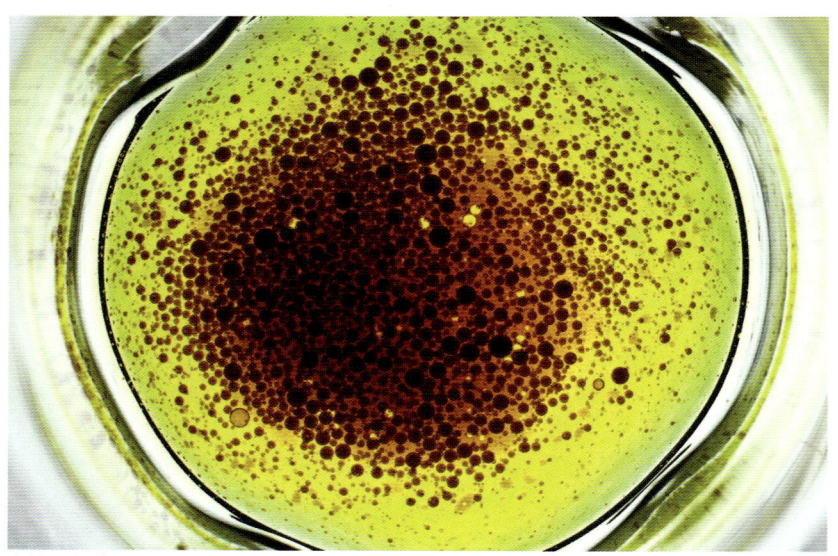

Vinaigrette

Zutaten für etwa 250 ml

1 kleine Zwiebel
2 Esslöffel frische Kräuter
3 Esslöffel Gemüsebrühe
10 Esslöffel Essig
¼ Kaffeelöffel Senf
einige Spritzer Zitronensaft
einige Spritzer Worcestersoße
8 Esslöffel Sonnenblumenöl
Salz
Pfeffer

einige Tropfen SteviaSana - flüssiges Stevia Konzentrat

Zubereitung

Schneiden Sie die Zwiebel in sehr feine Würfel und hacken die Kräuter (zum Beispiel Petersilie, Basilikum, Schnittlauch...) klein.

Verrühren Sie die Gemüsebrühe mit dem Essig, dem Senf, den Zitronensaft und der Worcestersoße. Schmecken dieses mit Stevia, Salz und Pfeffer ab.

Rühren Sie mit einem Schneebesen das Öl nach und nach unter und geben zum Schluss die Zwiebelwürfel und die Kräuter hinein.

© *Matthias Faller*-Fotolia.com

Süßer Karottensalat

Zutaten für zwei Personen

250 g Karotten
125 ml Orangensaft (ohne Zucker)
1 Prise Salz
etwas Sonnenblumenöl

3 gestrichene Dosierlöffel SteviaSana - Steviosid Pulver-Extrakt
oder
30 Tropfen SteviaSana - flüssiges Stevia Konzentrat

Zubereitung

Die Karotten schälen und mit der Röstireibe raspeln oder in Streifen raspeln.

Den Orangensaft, das Stevia, das Salz, ein paar Tropfen Öl in einer Schüssel und mit einem Schneebesen verrühren.

Die geraspelten Karotten in die Orangenmarinade geben, gut vermengen und einige Zeit durchziehen lassen

© *Christian Jung-Fotolia.com*

Schnittlauch-Schmand

Zutaten für vier Personen

2 Becher Schmand (400 g)
½ - 1 Topf Schnittlauch
Salz
Pfeffer

einige Tropfen SteviaSana - flüssiges Stevia Konzentrat

Zubereitung

Den Schmand mit Salz, Pfeffer und einigen Tropfen, flüssigen Stevia abschmecken.

Den Schnittlauch waschen, in sehr feine Ringe schneiden und unter den Schmand rühren.

Tipp!

Etwas frischer, fein gehackter Knoblauch rundet den Geschmack noch ab.

Abnehm-Tipp!

Sie können auch einen Teil des Schmand mit Joghurt ersetzen.

Besonders lecker hierzu schmecken Pellkartoffeln oder einfach nur Rohkost (Gemüsesticks aus zum Beispiel: Gurke, Kohlrabi, Karotten, Rettich, Paprika, Radieschen oder Lauchzwiebeln).

Kapitel 5

Eis und eisige Köstlichkeiten

Um ein cremiges Eis herstellen zu können benötigen Sie in der Regel eine Eismaschine. Diese können Sie im Onlinehandel schon ab 25 Euro erwerben. Sie können aber auch ohne extra eine Maschine zu kaufen leckeres Eis selber herstellen.

Nachfolgend finden Sie verschiedene Möglichkeiten um ein köstliches Eis selber herzustellen.

Variation 1 - ohne einzufrieren

Diese Anleitung zeigt Ihnen wie Sie auch ohne Kühlschrank oder Gefrierfach leckeres Eis selber machen können.

Zutaten für vier Personen

1 große Schüssel

1 kleinere Schüssel aus Edelstahl

2 Beutel oder Eiswürfelbereiter mit Eiswürfel (ca. 600g)

200 g Salz

Zubereitung

Geben Sie die Eismasse in die kleinere Schüssel.

Befüllen Sie die größere Schüssel mit den Eiswürfeln und streuen das Salz darüber.

Auf die Schüssel mit der Eiswürfel-Salzmischung stellen Sie die Schüssel mit der Eiscrememischung.

Decken Sie die Schüsseln mit einem Küchentuch ab. Sie können diese an einem kühlen Ort oder diese im Kühlschrank oder Gefrierfach stellen.

Zwischendurch können Sie noch ein paar Eiswürfel in die untere Schüssel geben und diese ebenfalls mit Salz bestreuen.

Rühren Sie die Eiscreme gelegentlich um. Nach etwa einer Stunde ist das Eis fertig!

Variation 2 - Cremeeis

Füllen Sie Ihr selbstgemachtes Eis in eine Eismaschine oder alternativ in eine Schüssel und stellen diese für einige Stunden ins Gefrierfach. Rühren Sie das Eis alle 5 bis 10 Minuten einmal um, damit es schön cremig wird.

Variation 3 - Wassereis und Sorbet

Dieses können Sie in kleinen Schalen, Eiswürfelbeutel oder zum Beispiel in Eiswürfelformen füllen und es für einige Stunden gefrieren lassen. Wie bei Variation 2 wird es schön locker wenn Sie es mindestens alle 15 Minuten einmal umrühren.

Variation 4 - Minuteneis

Verwenden Sie gefrorene Früchte oder schneiden Sie Früchte wie zum Beispiel Bananen oder Kiwi in Stücke und gefrieren diese. Geben Sie diese dann je nach Rezept mit etwas Flüssigkeit wie Milch, Sahne oder Fruchtsaft in einen hohen Becher und mixen diese mit einem Stabmixer gut durch.

Sollte das Eis einmal zu hart gefroren sein lassen Sie dieses für kurze Zeit bei Zimmertemperatur oder im Kühlschrank antauen.

Blaubeereis (Minuteneis)

Zutaten für vier Personen

200 g Heidelbeeren, tiefgefroren
100 ml Milch

4 gestrichene Dosierlöffel SteviaSana - Steviosid Pulver-Extrakt
oder
40 Tropfen SteviaSana - flüssiges Stevia Konzentrat

Zubereitung

Geben Sie das Stevia mit einem Schuss der Milch in ein hohes Gefäß und verrühren dieses. Anschließend geben Sie die tiefgefrorenen Blaubeeren hinzu und bedecken diese knapp mit der Milch.

Mixen Sie das ganze mit einem Pürierstab zu einem cremigen Eis und servieren dieses am besten sofort.

Abnehm-Tipp!

Verwenden Sie anstelle von Milch mit 3,5 % Fett die fettarme Milch.

Passionsfrucht-Wein-Sorbet
(Wassereis und Sorbet)

Zutaten für vier Personen

200 ml Wasser
10 Passionsfrüchte
1 Glas Weißwein

12 bis 15 gestrichene Dosierlöffel SteviaSana - Steviosid Pulver-Extrakt

Zubereitung

Die Passionsfrüchte halbieren und mit der Zitronenpresse auspressen.

In einem Topf 100 ml Wasser mit dem Stevia aufkochen. Das Wasser vom Herd nehmen in eine Schüssel umfüllen und 1 bis 2 Minuten abkühlen lassen.

Den Passionsfruchtsaft und den Wein mit dem Rest Wasser (100 ml) und dem abgekühlten Wasser- Steviagemisch verrühren. Die Flüssigkeit in ein Kunststoffgefäß oder eine Steingutform füllen und für etwa zwei Stunden ins Eisfach stellen.

Das Sorbet ungefähr jede halbe Stunde mit einer Gabel durchrühren.

Hinweis!

Ob Sie von den Passionsfrüchten die Kerne mit verwenden ist Ihrem Geschmack überlassen.

gefrorenes Ananas-Mousse
(Wassereis und Sorbet)

Zutaten für 1 Schüssel

3 kleine Dosen Ananas, ohne Zucker
500 ml Sahne
125 g Eiweiß (etwa 3 bis 4 Stück)

20 + 3 gestrichene Dosierlöffel SteviaSana - Steviosid Pulver-Extrakt

Zubereitung

Die Sahne mit den 3 Dosierlöffel Steviapulver steif schlagen.

Den Ananassaft abgießen und 5 Esslöffel Saft an die Seite stellen. Die Ananas klein schneiden und in einem Topf zu Püree kochen.

Das Eiweiß mit 20 Dosierlöffel Steviapulver und der Hälfte des zubereiteten Ananaspüree in eine Edelstahlschüssel geben, verrühren und im Wasserbad zügig cremig aufschlagen. Anschließend, sofort in einem kalten Wasserbad kalt schlagen.

Die Sahne zusammen mit dem aufgeschlagenen Eiweiß unter das restliche Ananaspüree ziehen.

Das Ananas-Mousse in eine längliche Form geben und über Nacht gefrieren lassen.

© *Liv Friis-larsen*-Fotolia.com

Limonen Sorbet
(Wassereis und Sorbet)
Zutaten für vier Personen

300 ml Wasser
3 Limonen

6 gestrichene Dosierlöffel SteviaSana - Steviosid Pulver-
Extrakt

Zubereitung

Die Limonen auspressen.

In einem Topf 100 ml Wasser mit dem Stevia aufkochen.
Das Wasser vom Herd nehmen in eine Schüssel umfüllen
und einige Minuten abkühlen lassen.

Den Limonensaft mit dem Rest Wasser (200 ml) und dem
abgekühlten Wasser- Steviagemisch verrühren, in ein
Kunststoffgefäß oder eine Steingutform füllen und für etwa
zwei Stunden ins Eisfach stellen.

Das Sorbet ungefähr jede halbe Stunde mit einer Gabel
durchrühren.

Tipp!

Pur oder mit Früchten der Saison genießen.

© Nikola Bilic-Fotolia.com

Mandeleis
(Cremeeis)

Zutaten für vier Personen

100 ml Milch
200 ml Sahne
1 Schote Vanille
1 Eigelb
1 Ei
1-2 Esslöffel Amaretto

8 gestrichene Dosierlöffel SteviaSana - Steviosid Pulver-Extrakt

3 EL Mandeln, gehobelt

Zubereitung

Die Vanilleschote halbieren, auskratzen und das Mark zusammen mit der Schote, der Milch und dem Stevia aufkochen. Danach die Vanilleschote heraus nehmen.

Die Sahne steif schlagen.

Das Eigelb und das Ei mit dem Amaretto schaumig schlagen. Die heiße Vanillemilch langsam unter die Eiermasse geben und über ein heißes Wasserbad mit einer Wassertemperatur von 75 Grad, für ca. 3 bis 5 Minuten mit einem Schneebesen aufschlagen (abbinden). Die Masse abkühlen lassen.

Sollte die Masse Klümpchen haben können Sie diese durch ein feines Haarsieb streichen.

Die geschlagene Sahne und die Mandelblättchen vorsichtig unterheben und gefrieren lassen.

Abnehm-Tipp!

Verwenden Sie anstelle von Amaretto einige Tropfen Mandelaroma. So können auch Kinder dieses Eis genießen.

Kapitel 6

Cremes und Mousses

© *robynmac*-Fotolia.com

Erdbeer Mousse

Zutaten für 1 Schüssel

300 ml Sahne
250 g Erdbeeren
90 g Joghurt, natur
3 Blatt Gelatine
1 Esslöffel Zitronensaft

6 gestrichene Dosierlöffel SteviaSana - Steviosid Pulver-Extrakt
oder
60 Tropfen (1 cl) SteviaSana - flüssiges Stevia Konzentrat

Zubereitung

Die Sahne steif schlagen.

Die Erdbeeren waschen und zusammen mit dem Stevia und dem Joghurt, mit dem Stabmixer pürieren.

Die Gelatine in kaltem Wasser einweichen, anschließend ausdrücken, mit dem Zitronensaft warm auflösen und unter den Joghurt heben.

Die geschlagene Sahne unter den Erdbeerjoghurt ziehen, in eine Schüssel füllen und kalt stellen.

© *Yvonne Bogdanski*-Fotolia.com

Bananen Mousse

Zutaten für 1 Schüssel

300 ml Sahne
250 g Bananen (ca. 2 Stück)
100 g Joghurt, natur

6 gestrichene Dosierlöffel SteviaSana - Steviosid Pulver-Extrakt
oder
60 Tropfen SteviaSana - flüssiges Stevia Konzentrat

3 Blatt Gelatine
1 Esslöffel Zitronensaft

Die Sahne steif schlagen.

Die Bananen schälen, klein schneiden und zusammen mit dem Stevia und Joghurt, mit einem Stabmixer pürieren.

Die Gelatine in kaltem Wasser einweichen, anschließend gut ausdrücken, mit dem Zitronensaft leicht erwärmen (warm auflösen) und unter den Joghurt rühren.

Die geschlagene Sahne unter den Bananenjoghurt ziehen, in eine Glasschüssel füllen und kalt stellen.

Hinweis!

Lösen Sie Gelatine am besten auf indem Sie diese mit etwas Flüssigkeit in einem kleinen Topf geben und diesen auf dem Herd (Stufe 1 bis 2) langsam erwärmen.

Tipp!

Sind die Zutaten wie zum Beispiel der Joghurt oder Sahne zu kalt kann es vorkommen, dass die flüssige Gelatine beim unterrühren klumpt.

Rühren Sie deshalb anfangs 1-2 Esslöffel Sahne oder Joghurt in die flüssige Gelatine und heben diese erst dann unter den Joghurt.

© *Monkey Business*-Fotolia.com

Mousse au Chocolat – einfach

Zutaten für 1 Schüssel

200 g Schokolade (mind. 55 % Kakao)
400 ml Sahne
2 Eiweiß (Zimmertemperatur)
etwas Salz

2 gestrichene Dosierlöffel SteviaSana - Steviosid Pulver-Extrakt

Zubereitung

Die Schokolade bei sehr kleiner Temperatur im Wasserbad schmelzen.

Die Sahne zusammen mit dem Stevia steif schlagen und kalt stellen.

Die Eiweiße mit einer Prise Salz zu Eisschnee schlagen.

Die geschmolzene Schokolade behutsam in den Eisschnee einrühren und die geschlagene Sahne nach und nach unterheben. Das Mousse kalt stellen.

Wasserbad

Stellen sie einen Topf halbgefüllt mit Wasser auf dem Herd (Herd-Stufe: ca. 5 von 9). Auf dem Topf stellen Sie eine halbrunde Schüssel in der Sie die zerkleinerte Schokolade hinein geben.

Achtung!

Die Schokolade darf max. 55°C warm werden und es darf kein Wasser hineingelangen, da diese sonst klumpt!

Welfencreme (Vanillecreme) mit Apfelschaumsoße

Zutaten für vier Personen

500 ml Milch

5 gestrichene Dosierlöffel SteviaSana - Steviosid Pulver-Extrakt

1 Vanille Schote
40 g Speisestärke

Zubereitung

Die Speisestärke mit ein paar Löffel Milch anrühren. Die Vanilleschote vorsichtig halbieren und das Mark herauskratzen.

Die restliche Milch mit dem Stevia, der Vanilleschote und dem Vanillemark zum kochen bringen. Wenn die Milch kocht nehmen Sie die Vanilleschote heraus und geben die angerührte Speisestärke in die kochende Milch. Lassen Sie dieses einmal aufquellen und füllen die Creme in Schalen ab. Kühl stellen.

Abnehm-Tipp!

Verwenden Sie0 anstelle von Milch mit 3,5 % Fett die fettarme Milch.

Apfelschaumsoße

Zutaten für vier Personen

250 ml Apfelsaft (ohne Zucker)
Saft von ½ Zitrone
½ Kaffeelöffel Speisestärke
2 ganze Eier

2 gestrichene Dosierlöffel SteviaSana - Steviosid Pulver-Extrakt
oder
20 Tropfen SteviaSana - flüssiges Stevia Konzentrat

Zubereitung

Geben Sie alle Zutaten in einem Top, stellen die Herdplatte auf Stufe 5 und schlagen die Masse, mit dem Schneebesen so lange bis sie dicklich wird.

Geben Sie die fertige Apfelschaumsoße auf die Welfencreme – guten Appetit.

Tipp!

Anstelle von Apfelwein kann man auch Wein oder Sekt verwenden.

© *Bernd Kröger*-Fotolia.com

Zitronen Mousse

Zutaten für 1 Schüssel

300 ml Sahne
1 Zitrone, unbehandelt
125 g Naturjoghurt

12 gestrichene Dosierlöffel SteviaSana - Steviosid Pulver-Extrakt
oder
120 Tropfen SteviaSana - flüssiges Stevia Konzentrat

4 Blatt Gelatine

Die Sahne steif schlagen.

Die Schale einer halben bis ganzen Zitrone abreiben und die Zitronen auspressen. Zwei Esslöffel Zitronensaft, extra zur Seite stellen.

Den Joghurt mit den Zitronensaft, Zitronenabrieb und Stevia vermischen.

Die in Wasser eingeweichte Gelatine gut ausdrücken und in eine kleine Schale geben. Den zurückgestellten Zitronensaft zusammen mit der eingeweichten Gelatine leicht erwärmen (Gelatine auflösen).

Die aufgelöste Gelatine mit einigen Esslöffeln Joghurt vermengen, in den Zitronenjoghurt rühren und dieses unter die geschlagene Sahne ziehen.

Das Zitronen Mousse in eine Glasschale umfüllen und kalt stellen.

Hinweis!

Lösen Sie Gelatine am besten auf indem Sie diese mit etwas Flüssigkeit in einem kleinen Topf geben und diesen auf dem Herd (Stufe 1 bis 2) langsam erwärmen.

Tipp!

Sind die Zutaten wie zum Beispiel der Joghurt oder Sahne zu kalt kann es vorkommen, dass die flüssige Gelatine beim unterrühren klumpt.

warme Vanillecreme

Zutaten für 200 ml

150 ml Milch
3 Eigelbe
1 Stange Vanille

3 gestrichene Dosierlöffel SteviaSana - Steviosid Pulver-Extrakt
oder
30 Tropfen SteviaSana - flüssiges Stevia Konzentrat -
anstatt 150 g Zucker

Zubereitung

Die Vanilleschote halbieren, auskratzen und das Mark zusammen mit der Milch und dem Stevia in eine Edelstahlschüssel geben.

Alle Zutaten mischen und über ein heißes Wasserbad mit einer Wassertemperatur von 75 Grad, für ca. 3 bis 5 Minuten mit einem Schneebesen zu einer cremeartigen Masse aufschlagen.

Abnehm-Tipp!

Verwenden Sie anstelle von Milch mit 3,5 % Fett die fettarme Milch.

Kapitel 7

Leckere Desserts, Süßspeisen und Nachtische

© Boris Ryzhkov-Fotolia.com

Apfelküchle / Apfelpfannkuchen mit Zimt

Zutaten für vier Personen

140 g Mehl
200 ml Milch
1 Ei
1 Prise Salz

1 gestrichene Dosierlöffel SteviaSana - Steviosid Pulver-Extrakt
oder
10 Tropfen SteviaSana - flüssiges Stevia Konzentrat

2-3 Äpfel
etwas Öl

Zimtmischung

3 Esslöffel Zimt *1 bis 2 gestrichene Dosierlöffel SteviaSana - Steviosid Pulver-Extrakt*

Verrühren Sie das Mehl mit der Milch, Ei, Salz und flüssigen Stevia zu einem klumpenfreien Teig.

Für die Zimtmischung vermischen Sie den Zimt mit dem Steviapulver.

Schälen Sie die Äpfel, entfernen den Kern mit einem Apfelausstecher und schneiden die Äpfel, jeweils in 6 gleichdicke Scheiben.

Erhitzen Sie ein wenig Öl in einem Topf (Achtung nicht zu heiß: ca. Stufe 5 bis 7).

Ziehen Sie die Apfelringe mit einer Gabel durch den Teig und backen diese im Öl goldgelb aus. Legen Sie die Apfelringe auf Küchenpapier und wenden diese dann in der Zimtmischung.

Hinweis!

Wenn Sie die Äfel stückeln und direkt in den fertig angerührten Teig geben, haben Sie schmackhafte Apfelpfannkuchen.

Tipp!

Zum verfeinern können Sie dem Teig noch etwas geriebene Bio Zitronen- oder Orangenschale zugeben.

Abnehm-Tipp!

Verwenden Sie anstelle von Milch mit 3,5 % Fett die fettarme Milch.

Mascarponecrème mit Amaretto, Heidelbeeren und Erdbeersauce

Zutaten für vier Personen

Mascarponecrème

250 g Mascarpone
2-3 cl Amaretto oder ein paar Tropfen Bittermandelaroma zum backen
100 g geschlagene Sahne

7 Dosierlöffel Steviapulver
oder

70 Tropfen SteviaSana - flüssiges Stevia Konzentrat

Zubereitung

Mascarpone mit dem Stevia und Amaretto glatt rühren und die geschlagene Sahne vorsichtig unterheben.

Erdbeersauce

250 g Erdbeeren

5 bis 10 gestrichene Dosierlöffel SteviaSana - Steviosid Pulver-Extrakt

oder
50 bis 70 Tropfen SteviaSana - flüssiges Stevia Konzentrat

Zubereitung

Die Erdbeeren mit dem Stevia pürieren.

Anrichten

Zutaten

2 cl Amaretto oder ein paar Tropfen Bittermandelaroma verrührt mit etwas Fruchtsaft
120 g Heidelbeeren, geputzt

Zubereitung

Die Hälfte der Mascarponecrème Esslöffelweise auf 4 Gläser verteilen und die Beeren auf die Crème geben.

Die restliche Crème auf die Beeren geben, sodass diese bedeckt sind. Zum Schluss die Erdbeersauce darüber gießen, mit Zitronenmelisse und einigen Heidelbeeren garnieren.

Abnehm-Tipp!

Sie können auch einen Teil der Sahne mit Schmand ersetzen.

© Carmen Steiner-Fotolia.com

Palatschinken - Crepes

Zutaten für vier Personen

90 g Mehl
200 ml Milch
1 Ei
1 Prise Salz
etwas Öl oder Butterschmalz

5 bis 10 Tropfen SteviaSana - flüssiges Stevia Konzentrat

Zubereitung

Verrühren Sie mit einem Schneebesen alle Zutaten zu einem klumpenfreien Teig. Sollten sich Klümpchen gebildet haben, streichen Sie den Teig einfach durch ein Sieb.

In einer Teflonpfanne, mit etwas Butterschmalz oder Öl backen Sie dünne Crepes aus. Geben Sie dafür, je nach Pfannengröße eine kleine Kelle Teig hinein und verteilen diesen durch hin und her schwenken der Pfanne.

Anschließend können Sie die Crepes nach belieben bestreichen und zusammenschlagen oder aufrollen.

Milchreis

Zutaten für vier Personen

1 Liter Milch
3 Prisen Salz
1 TL Butter

10 Dosierlöffel Steviapulver
oder
100 Tropfen (1 cl) SteviaSana - flüssiges Stevia
Konzentrat

200 g Milchreis

Zubereitung

Geben Sie die Milch, Salz, Butter und Stevia in einem hohem Topf (wegen der Gefahr des Milch Überkochens) und kochen dieses auf.

Rühren Sie den Milchreis in die Milch, kochen dieses einmal auf und lassen den Milchreis anschließend bei kleiner Temperatur 20 bis 30 Minuten, mit Deckel ziehen.

Abnehm-Tipp!

Verwenden Sie anstelle von Milch mit 3,5 % Fett die fettarme Milch.

Panna Cotta mit Erdbeersoße

Zutaten für vier bis sechs Personen

Panna Cotta

6 Blatt Gelatine
1 Vanilleschote
500 ml Sahne

6 gestrichene Dosierlöffel SteviaSana - Steviosid Pulver-Extrakt

Zubereitung

Weichen Sie die Gelatine in kaltem Wasser ein.

Die Vanilleschote der Länge nach aufschlitzen, das Mark herauskratzen und alles zusammen mit dem Stevia und der Sahne aufkochen.

Nehmen Sie den Topf von der Kochstelle, entfernen die Vanilleschote und lassen die Sahnemasse auf ca. 70 Grad abkühlen.

Drücken Sie die eingeweichte Gelatine gut aus und lösen diese in der Sahnemasse auf.

Die Sahnemasse in Förmchen oder Tassen abfüllen und über Nacht kalt stellen.

Erdbeersoße

300 g Erdbeeren
etwas Stevia-Puder als Garnitur (Rezept siehe Rezeptverzeichnis)

5 gestrichene Dosierlöffel SteviaSana - Steviosid Pulver-Extrakt
oder
70 Tropfen SteviaSana - flüssiges Stevia Konzentrat

Zubereitung

Einige Erdbeeren als Garnitur zur Seite legen. Die restlichen Erdbeeren mit dem Stevia pürieren

Einen Tellerrand mit etwas Stevia-Puder bestäuben. Die Erdbeersoße um die gestürzte Creme ringsum verteilen und mit Erdbeeren garnieren.

Tipp!

Damit sich das Panna Cotta besser aus den Förmchen löst, diese kurz in heißes Wasser stellen. Den Rand mit einem Messer lösen und auf einem Teller stürzen.

© *Stephanie Frey*-Fotolia.com

.

Süße Früchte-Wraps

Zutaten für vier Personen

8 Wraps
100 Vollmilch-Schokolade ohne Zucker
 etwas Creme Fraiche
1-2 Bananen
250 g Früchte der Saison (z. B. Pfirsich, Erdbeeren)
4 Esslöffel Kürbiskerne
100 ml Sahne
100 ml Schmand

1 gestrichene Dosierlöffel SteviaSana - Steviosid Pulver-Extrakt
oder 10 Tropfen SteviaSana - flüssiges Stevia Konzentrat

etwas Erdbeersoße, Creme Double oder Creme Fraiche zur Dekoration Zahnstocher

Verrühren Sie die Sahne, den Schmand und das Steviapulver und schlagen dieses mit einem Mixer steif. Wenn
Sie flüssiges Stevia verwenden heben Sie dieses erst nach
dem schlagen unter.

Schmelzen Sie die Schokolade bei kleiner Temperatur im
Wasserbad und rühren etwas Creme Fraiche unter..

Bestreichen Sie die Wraps mit der Schokoladencreme und
schneiden das Obst in kleine Würfel.

Verteilen Sie die gewürfelten Fruchtstücke auf dem Scho-
koladenbelag und bestreichen die Wraps mit der geschla-
genen Sahne.

Bestreuen Sie den Belag mit den gehackten Kürbiskernen
und rollen die Wraps auf.

Geben Sie die Wraps für ein bis zwei Stunden im Kühlschrank und scheiden diese dann in die gewünschten Portionen.

Garnieren Sie die Wraps mit etwas Erdbeersoße und Creme
Double oder Creme Fraiche und spießen die Häppchen auf

Tiramisu

Zutaten für: 12 Portionen

3 Eigelbe
5 Esslöffel Amaretto
50 g Schokolade, zartbitter (ohne Zucker)
200 ml Sahne
500 g Mascarpone
250 ml starker Kaffee oder Espresso
Kakaopulver
etwas Stevia-Puder (Rezept siehe Rezeptverzeichnis)

15 gestrichene Dosierlöffel SteviaSana - Steviosid Pulver-Extrakt

Löffelbiskuits (Rezept siehe Biskuitboden Seite 95)

Stellen Sie Löffelbiskuits selber her, indem Sie die Biskuitbodenmasse in einem Spritzbeutel mit glatter Lochtülle geben und auf ein mit Backpapier ausgelegtes Backblech spritzen.

Die Biskuitmasse spritzen Sie mit ausreichendem Abstand in etwa 6–8 cm lange Streifen und bestäuben diese nach dem backen mit Stevia-Puder.

Zubereitung

Eigelbe mit dem Steviapulver und Amaretto schaumig schlagen.

Die Schokolade raspeln und zusammen mit der Eimasse in die Mascarpone rühren.

Die Sahne steif schlagen und unter die Mascarponemasse heben.

Eine Tiramisuform mit der Hälfte der Löffelbiskuits auslegen und löffelweise mit Kaffee beträufeln.

Die Hälfte der Mascarponecreme darüber streichen. Die restlichen Löffelbiskuits darauf legen, ebenfalls mit Kaffee beträufeln und mit der restlichen Creme bedecken.

Das Tiramisu verschlossen, im Kühlschrank für etwa 12 Stunden ziehen lassen und vor dem servieren mit Kakaopulver bestäuben.

Abnehm-Tipp!

Anstelle von Amaretto können Sie etwas Mandelaroma verwenden und die Schokoladenraspeln kann man bei Bedarf auch weg lassen!

Obstsalat einfach

Zutaten für vier Personen

2 Orangen
2 Äpfel
2 Bananen

5 gestrichene Dosierlöffel SteviaSana - Steviosid Pulver-Extrakt
oder
50 Tropfen SteviaSana - flüssiges Stevia Konzentrat

1 Zitrone
100 g Haselnüsse

Zubereitung

Die Orangen abschälen, die weiße Haut entfernen und in Würfel schneiden.

Die Äpfel waschen, vierteln, entkernen und in kleine Würfel schneiden.

Die Bananen schälen, der Länge nach halbieren und in Würfel schneiden. Die Zitrone auspressen, mit dem Stevia verrühren und zum Obst geben. Die Haselnüsse grob hacken zum Obst zugeben und alles gut miteinander vermengen.

Kapitel 8

Backen

© *philippe Devanne* -Fotolia.com

Apfelkuchen

Zutaten für 1 Springform (26er)

250 g Mehl
2 Eier
75 g flüssige Butter
1 geh. Kaffeelöffel Backpulver
5 Esslöffel Milch
etwas Zimt
1,5 kg süße Äpfel
50 g bis 100 g Rosinen
etwas Stevia-Puder (Rezept siehe Rezeptverzeichnis)

6 Dosierlöffel SteviaSana - Steviosid Pulver-Extrakt

Backofen auf 180 Grad vorheizen.

Aus Mehl, 1 Ei, Butter, Backpulver, 4 Esslöffel Milch und Steviapulver einen Teig herstellen.

Die Äpfel schälen, vierteln, entkernen und raspeln (Rösti-reibe).

Aus jeweils der halben Teigmenge zwei gleichgroße Böden ausrollen. Einen Teigboden auf die mit Backpapier ausgelegte Springform geben.

Die geraspelten Äpfel in einem Handtuch ausdrücken, mit den Rosinen vermengen und gleichmäßig auf den Teigboden verteilen und leicht andrücken.

Den zweiten Teigboden auf die Apfelmasse legen und mit einer Gabel mehrmals einstechen.

1 Ei und 1 Esslöffel Milch miteinander verrühren, den Apfelkuchen damit bestreichen, bei 180 Grad für etwa 35 Minuten goldgelb backen.

Nach dem backen auskühlen lassen und mit etwas Stevia-Puder bestäuben.

Tipp!

Wenn Sie keine Rosinen mögen können diese durch Mandel- oder Haselnusssplitter ersetzt werden oder ganz weggelassen werden.

Berliner

Zutaten für 10 Stück

3 Eier
etwas Milch
50 g flüssige Butter
500 g Mehl
½ Kaffeelöffel Salz
1 Tüte Trockenhefe
Friteuse oder Öl zum frittieren
Marmelade oder Gelee zum füllen (Rezept siehe Rezeptübersicht)
Stevia-Puder (Rezept siehe Rezeptübersicht)

2 gestrichene Dosierlöffel SteviaSana - Steviosid Pulver-Extrakt
oder
20 Tropfen SteviaSana - flüssiges Stevia Konzentrat

Zubereitung

Die Eier in einen Messbecher schlagen, mit Milch bis auf 250 ml auffüllen, Butter zugeben und handwarm erwärmen.

Das Mehl in eine große Schüssel geben, Salz, Stevia, Hefe und die Eiermilch dazugeben und alle Zutaten mit einem Handmixer, mit Knethacken gut durchkneten.

Den Teig für 30 bis 60 Minuten ruhen lassen.

Den Hefeteig nochmals gut durchkneten und nochmals für 30 bis 60 Minuten ruhen lassen.

Den Teig in 80 g schwere Teigstücke einteilen, zu Berlinern formen, von beiden Seiten mit Mehlbestäuben und mit einem Tuch bedecken.
Die Berliner etwa 60 Minuten ruhen, gehen lassen.

Die Friteuse auf 150 - 160 Grad oder einen Topf (zum Beispiel Herdstufe 4 von 9) mit Öl vorheizen. Die gut aufgegangenen Berliner in die Friteuse oder den Topf geben und den Deckel schließen.

Beim frittieren mit Deckel gehen die Berliner besser auf und bekommen so den typischen, hellen Rand.

Die Berliner nach etwas 3 bis 4 Minuten wenden und nochmals für 3 bis 4 Minuten frittieren.

Die Berliner nach Belieben mit Marmelade füllen und/oder mit Stevia-Puder bestäuben.

© *Susanne Güttler* -Fotolia.com

Erdbeer-Talerkekse

150 g Mehl
200 g gemahlene Haselnüsse
150 g kalte Butter
1 Tropfen Vanillearoma
3 Ei
Erdbeergelee (Rezept siehe Rezeptübersicht)
Stevia-Puder (Rezept siehe Rezeptübersicht)
etwas Mehl zum ausrollen

20 gestrichene Dosierlöffel SteviaSana - Steviosid Pulver-Extrakt

Zubereitung

Geben Sie das Mehl, die Haselnüsse und das Stevia in eine Schüssel.

Schneiden Sie die kalte Butter in Stücke und verkneten Sie diese schnell mit dem Mehl, dem Vanillearoma und dem Ei. Stellen Sie den Teig in einen Kühlschrank und lassen ihn dort für 2 Stunden ruhen.

Den Teig mit ein wenig Mehl dünn ausrollen, nach belieben ausstechen, auf ein mit Backpapier ausgelegtes Backblech legen und backen.

Backen: Im auf 200 Grad vorgeheizten Ofen während etwa 10 Minuten backen.

Anschließend die Hälfte der erkalteten Kekse mit Erdbeergelee bestreichen und auf jeden einen weiteren mit Stevia-Puder bestäubten Keks setzen.

© *Comugnero Silvana*-Fotolia.com

Hefezopf

Zutaten für 2 Zöpfe

350 ml warme Milch
1 Tüte Trockenhefe
100 ml Öl
500 g Mehl
½ Kaffeelöffel Salz

1 gestrichene Dosierlöffel SteviaSana - Steviosid Pulver-Extrakt
oder
10 Tropfen SteviaSana - flüssiges Stevia Konzentrat

Zubereitung

Geben Sie alle Zutaten in eine Schüssel und verrühren diese mit einem Mixer (Knethacken) zu einem Teig. Das ganze lassen Sie für ca. 2 Stunden an warmer Stelle aufgehen.

Teilen Sie den Teig in sechs gleiche Stücke auf, rollen daraus gleichmäßige Stränge und flechten jeweils drei Stränge zum Zopf.

Legen Sie die Zöpfe auf ein mit Backpapier ausgelegtes Backblech und backen dieses im Ofen.

Backen: Im auf 200 Grad vorgeheizten Ofen während etwa 30 Minuten backen.

Abnehm-Tipp!

Verwenden Sie anstelle von Milch mit 3,5 % Fett die fettarme Milch.

Windbeutel

Zutaten für: 12 Stück

250 ml Wasser
50 g Butter
1 Prise Salz

3 gestrichene Dosierlöffel SteviaSana - Steviosid Pulver-Extrakt

120 g Mehl
3 Eier
200 ml Sahne
200 ml Schmand
etwas Stevia-Puder zum bestäuben (Rezept siehe Seite 109)

4 gestrichene Dosierlöffel SteviaSana - Steviosid Pulver-Extrakt

Brandteig

Wasser, Butter, 3 Dosierlöffel Steviapulver und Salz in einem Topf kurz aufkochen und vom Herd nehmen (Herd nicht ausstellen).

Mehl auf einmal in die Flüssigkeit geben und mit einem Kochlöffel einrühren.

Den Topf mit der Mehlmasse wieder auf den Herd stellen und so lange rühren, bis sich ein Kloß und eine weiße Haut am Topfboden bildet. Den Teig in eine Schüssel geben.

Die Eier in einer Schüssel geben, etwa ein Viertel vom der Mehlmasse nach und nach unterrühren und anschließend mit einem Knethacken unter die Mehlmasse rühren.

Ein Backblech mit Backpapier auslegen. Den Teig in einen Spritzebeutel im Durchmesser von 4 cm auf das Blech spritzen, oder mit zwei Kaffeelöffeln Teighäufchen auf das Backblech setzen.

Backen: Im auf 220 Grad vorgeheizten Ofen während etwa 30 Minuten backen.

Die Windbeutel erkalten lassen und mit einer Schere einen Deckel abschneiden.

Füllung

Sahne und Schmand mit 4 Dosierlöffel Stevia steif schlagen. Die Windbeutel damit füllen, den Deckel draufsetzen und mit Stevia-Puder bestäuben.

Vanillekipferl

Zutaten für: 2 Backbleche

200 g Mehl
200 geriebene Mandeln
1 Prise Salz
1 Vanilleschote
2 Eigelbe
170 g Butter
etwas Mehl zum ausrollen
etwas Stevia-Puder zum bestäuben (Rezept siehe
Rezeptverzeichnis)

10 gestrichene Dosierlöffel SteviaSana - Steviosid Pulver-Extrakt

Das Mehl zusammen mit den Mandeln, Stevia und dem Salz in eine Schüssel geben.

Die Vanilleschote halbieren und mit einer Messerrückseite auskratzen. Das Vanillemark mit den Eigelben verrühren.

Die Butter in Flöckchen zusammen mit dem Eigelb in das Mehl geben und schnell zu einem Knetteig verarbeiten. Den Teig für 1 Stunde im Kühlschrank kalt stellen.

Mit etwas Mehl aus den Teig etwa 6 cm dicke Rollen formen und nochmals für 30 Minuten kalt stellen.

Anschließend von den Teigrollen etwas ½ cm dicke Scheiben schneiden, zu kleinen Rollen formen, zu Halbmonden „Kipferln" biegen, auf ein mit Backpapier ausgelegte Backblech legen und backen.

Backen: Im auf 200 Grad vorgeheizten Ofen während etwa 10 Minuten backen.

Die noch warmen Kipferln mit etwas Stevia-Puder bestäuben.

Zitronenbiskuitrolle

Zutaten für: 1 Biskuitrolle

6 Eier
5 Esslöffel Wasser
1 Bio Zitrone
100 g Mehl
½ Kaffeelöffel Backpulve

22 gestrichene Dosierlöffel SteviaSana - Steviosid Pulver-Extrakt

Zubereitung

Biskuitboden

Die Eier trennen und das Eiweiß mit einer Prise zu Schnee schlagen.

Die Eigelbe mit dem Wasser, etwas geriebene Zitronenschale und dem Stevia Pulver verrühren.

Das Mehl mit dem Backpulver vermengen, unter den Eigelbschaum rühren und eindrittel des Eischnees untermengen. Anschließend den restlichen Eisschnee unterheben.

Ein Backblech mit Backpapier auslegen und den Teig im auf 180 Grad vorgeheizten Ofen während etwa 12 Minuten backen.

Den noch heißen Biskuitboden auf Handtuch legen, einrollen und abkühlen lassen.

Quark-Zitronenfüllung

Füllung für: 1 Biskuitrolle

500 g Magerquark
250 ml Cremefine zum schlagen
1 Tüte Sofort-Gelatine (entsprechend für 250 ml Cremefine)
1 Zitrone
1 bis 2 Zweige Zitronenmelisse

15 gestrichene Dosierlöffel SteviaSana - Steviosid Pulver-Extrakt

Zubereitung

Die restliche Zitronenschale reiben und die den Saft auspressen.

Den Quark in ein Haarsieb geben, abtropfen lassen und die Cremefine steif schlagen.

Stevia Pulver, Gelatine, Zitronensaft, Zitronenabrieb in den Quark rühren und die Cremefine unter die Quarkmasse heben

Die ausgekühlte Biskuitrolle vorsichtig ausbreiten und zweidrittel der Zitronenfüllung darauf verteilen.

Mit Hilfe des Tuches den Biskuitboden wieder aufrollen, auf eine Tortenplatte setzen und gleichmäßig mit der Zitronencreme bestreichen.

Zitrone filetieren und die Zitronenfilets zusammen mit der Zitronenmelisse dekorativ auf die Biskuitrolle legen.

© *womue*-Fotolia.com

Vollkornbrötchen

Zutaten für: 12 Stück

300 g Vollkornmehl
1 Tüte Backpulver
200 g Magerquark
30 ml Wasser
30 ml Sahne
2 Eigelbe
1 KL Salz

1 gestrichene Dosierlöffel SteviaSana - Steviosid Pulver-Extrakt

Zubereitung

Das Mehl mit dem Backpulver mischen und sieben.

Die restlichen Zutaten miteinander verrühren und zusammen mit der Mehlmischung mit einem Mixer (Knethacken) zu einem Teig kneten.

Den Teig in 12 Brötchen formen, auf ein mit Backpapier ausgelegtes Backblech legen und im Ofen backen.

Backen: Im auf 175 Grad vorgeheizten Ofen während etwa 20 Minuten backen.

© *Silvia Bogdanski* -Fotolia.com

Schoko Muffin

Zutaten für: 12 Stück

300 g Mehl
1-2 Esslöffel Kakao
1 Paket Backpulver
1-2 Esslöffel Schokoladentröpfchen, backstabil
3 Eier
50 g flüssige Butter
3 Tropfen Vanillearoma
1 Prise Salz
200 ml Milch

20 gestrichene Dosierlöffel SteviaSana - Steviosid Pulver-Extrakt

Zubereitung

Den Backofen auf 180 Grad vorheizen.

Mehl, Kakao, Backpulver, Schokoladentröpfchen und das Stevia mischen.

Die Eier trennen. Die Eigelbe mit der Butter und Vanillearoma schaumig schlagen. Eiweiß mit einer Prise Salz steif schlagen und unter die Eigelbmasse heben.

Die Eimischung zusammen mit der Milch in die Mehlmischung geben und kurz mit dem Handmixer unterrühren – nur gerade so bis es nicht mehr „staubt".

Den Teig in 12 Muffinformen füllen und im auf 180 Grad vorgeheizten Ofen für etwa 20 Minuten backen.

Stutenkerle

Zutaten für drei Stück

100 g Magerquark
5 Esslöffel Speiseöl
6 Esslöffel Milch
1 Prise Salz
200 g Mehl
2 gestrichene Kaffeelöffel Backpulver

2 bis 3 gestrichene Dosierlöffel SteviaSana - Steviosid Pulver-Extrakt

einige Rosinen, Mandeln...
etwas Milch

Zubereitung

Alle Zutaten mischen, mit etwas Mehl ausrollen, Stutenkerle ausstechen und auf ein mit Backpapier ausgelegtes Backblech legen.

Die Stutenkerle mit den Rosinen, Mandeln usw. ausgarnieren, mit Milch bestreichen und backen.

Backen: Im auf 175 Grad vorgeheizten Ofen während etwa 15 Minuten backen.

Abnehm-Tipp!

Verwenden Sie anstelle von Milch mit 3,5 % Fett die fettarme Milch.

Kapitel 9

weitere Köstlichkeiten

Orangenjoghurt

Zutaten für vier Personen

500 g natur Joghurt
½ Bio Orange

8 gestrichene Dosierlöffel SteviaSana - Steviosid Pulver-Extrakt oder
80 Tropfen (1,5 cl) SteviaSana - flüssiges Stevia Konzentrat

Zubereitung

Reiben Sie mit einer feinen Reibe die Schale ab und pressen die Orange aus. Geben Sie den Orangenabrieb zusammen mit dem Orangensaft und dem Stevia in den Joghurt und verrühren diesen gut.

Je nach Geschmack leicht gekühlt servieren.

Abnehm-Tipp!

Verwenden Sie anstelle von Joghurt mit 3,5 % Fett den fettarmen Joghurt.

Eierlikör

Zutaten für ein Liter

5 Eigelbe
1 Dose Kaffeesahne (340 ml)

30 gestrichene Dosierlöffel SteviaSana - Steviosid Pulver-Extrakt

300 ml Doppelkorn

Zubereitung

Verrühren Sie die Eigelbe zusammen mit der Kaffeesahne mit dem Steviapulver und schlagen dieses im Wasserbad langsam (ca. 25 Min.) auf bis die Masse 72 - 80° C erreicht hat.

Lassen Sie die Eimasse etwas abkühlen und rühren den Doppelkorn langsam unter. Anschließend können Sie den Eierlikör in Flaschen umfüllen.

Wasserbad

Stellen sie einen Topf halbgefüllt mit Wasser auf dem Herd (Herd-Stufe: ca. 5 von 9). Auf dem Topf stellen Sie eine halbrunde Schüssel in der Sie die Masse mit einem Schneebesen aufschlagen. Achten Sie darauf das, dass Wasser im Topf nicht zu stark kocht – die Eimasse kann gerinnen und dadurch unbrauchbar werden.

Tipp!

Je nach Geschmack können Sie dem Likör etwas Rum oder Kaffeearoma zufügen.

© *Stefanie Maertz* -Fotolia.com

Rumkugeln

Zutaten für etwa 30 Stück

200 ml Sahne
200 g Zartbitterschokolade ohne Zucker
100 g Vollmilchschokolade ohne Zucker
5 Tropfen Rumaroma
100 g weiche Butter
100 g gemahlenen Mandeln
etwas Schokolade ohne Zucker für Schokoraspeln,
Kokosraspeln, Kakaopulver zum wälzen

7 gestrichene Dosierlöffel SteviaSana - Steviosid Pulver-Extrakt

Zubereitung

Die Zartbitter- und Vollmilchschokolade mit einer Reibe klein raspeln.

Die Sahne aufkochen, vom Herd nehmen und die Schokoladeraspeln zusammen mit dem Rumaroma beigeben und unterrühren bis diese geschmolzen ist.

Die Butter und die gemahlenen Mandeln unter die abgekühlte Schokoladenmasse rühren und nochmals abkühlen lassen. Aus der erstarrten Masse kleine Kugeln formen und im Kakaopulver, den Schokoladen- oder Kokosraspeln rollen.

Möhrengemüse

Zutaten für zwei Personen

250 g Karotten
1 Kaffeelöffel Butter

3 gestrichene Dosierlöffel SteviaSana - Steviosid Pulver-Extrakt
oder
30 Tropfen SteviaSana - flüssiges Stevia Konzentrat

etwas Salz
100 – 200 ml Mineralwasser

Zubereitung

Die Karotten schälen und in Scheiben schneiden.

Die Butter in einem Topf erhitzen bis sie schäumt. Dann das Stevia zugeben und verrühren. Die geschnittenen Karotten zugeben, salzen, etwas verrühren und mit anfänglich 100 ml Mineralwasser angießen. Das ganze einige Minuten köcheln lassen, bis die gewünschte Bissstärke erreicht ist.

Bei Bedarf geben Sie so viel Mineralwasser hinzu, dass die Karotten in genügend Flüssigkeit liegen um nicht anzubrennen – aber nur so viel damit diese am Ende nicht in Flüssigkeit schwimmen.

Hüdel (warme Hefeklöße)

Zutaten für vier Personen

500 g Mehl
1 Tüte Hefe oder ½ Würfel frischer Hefe
250 ml Milch
½ Kaffeelöffel Backpulver
1 TL Butter oder Margarine
1 Prise Salz

2 gestrichene Dosierlöffel SteviaSana - Steviosid Pulver-Extrakt
oder
20 Tropfen SteviaSana - flüssiges Stevia Konzentrat

Geben Sie alle Zutaten in eine Schüssel und kneten den Teig gut durch. Lassen Sie den Teig ca. 30 Minuten an warmer Stelle aufgehen.

Teilen Sie den Teig in zwei gleiche Stücke auf, formen daraus zwei Kugeln und dämpfen Sie diese im Dämpfer oder Topf mit Einsatz für etwa 30 Minuten.

Wenn Sie keinen Dämpfer oder Dampfeinsatz haben können Sie alternativ einen Topf hernehmen und etwa zwei bis drei Finger hoch Wasser einfüllen. Dann nehmen Sie ein Küchenhandtuch, verknoten die vier Enden an den Topfhenkeln, legen die Teigkugeln mittig hinein und dämpfen auch diese für etwa 30 Minuten.

Hinweis!

Beim dämpfen darauf achten das der Topf mit einem Deckel geschlossen ist.

Abnehm-Tipp!

Lassen Sie die Butter weg und verwenden Sie Magermilch.

Zum „süßen Hüdel" geben Sie zum Beispiel Vanillesoße und warme Birnen.

Zum „pikanten Hüdel" geben Sie zum Beispiel gekochten Speck oder Mettwürste.

© *Carmen Steiner*-Fotolia.com

Pfannkuchen

Zutaten für vier Personen

3 Eier
500 ml Milch
2 Prisen Salz
200 g Mehl
etwas Öl oder Butterschmalz zum ausbacken

1 bis 2 gestrichene Dosierlöffel SteviaSana - Steviosid Pulver-Extrakt
oder
10 bis 20 Tropfen SteviaSana - flüssiges Stevia Konzentrat

Zubereitung

Geben Sie bis auf das Mehl und das Fett alle Zutaten in ein hohes Rührgefäß und verquirlen diese mit einem Hand-mixer.

Sieben Sie das Mehl und rühren Sie dieses langsam hinein, so das keine Klumpen entstehen.

Erhitzen Sie eine Teflonpfanne, reiben diese mit etwas Fett ein und geben ein bis zwei große Kellen Teig hinein.

Durch leichtes schwenken der Pfanne verteilen Sie den Teig gleichmäßig und backen den Pfannkuchen bei mäßiger Hitze. Der Pfannkuchen muss sich leicht vom Pfannenboden lösen lassen und sollte stellenweise etwas gebräunt sein.

Drehen Sie den nicht mehr flüssigen Pfannkuchen mit einem Pfannenwender und backen diesen fertig.

Tipp!

Dazu passt hervorragend Apfelmus, Marmelade oder einfach nur Stevia-Puder.

Stevia-Puder (Ersatz für Puderzucker)

½ Esslöffel Mehl
3 Esslöffel Stärke

2bis 3 gestrichene Dosierlöffel SteviaSana - Steviosid Pulver-Extrakt

Zubereitung

Vermischen Sie alle Zutaten und sieben das Stevia-Puder je nach Geschmack und Verwendungszweck über die Speise.

Hinweis!

Entgegen dem im www.Steviasana.de Shop erhältlichen Stevia-Puder schmeckt diese Alternativmischung etwas mehlig.

Früchtejoghurt mit Erdbeeren

Zutaten für vier Personen

500 g natur Joghurt
250 g Erdbeeren

8 gestrichene Dosierlöffel SteviaSana - Steviosid Pulver-Extrakt
oder
80 Tropfen (1,5 cl) SteviaSana - flüssiges Stevia Konzentrat

Zubereitung

Die Erdbeeren waschen und putzen. Von den Erdbeeren 150 g zusammen mit dem Stevia und dem Joghurt, mit dem Stabmixer pürieren. Die restlichen Erdbeeren unterheben. Je nach Geschmack leicht gekühlt servieren.

Tipp!

Sie können auch Tiefgekühlte Früchte verwenden. Tauen Sie diese einfach in der Mikrowelle mit der Auftaufunktion auf oder nehmen diese einige Sunden zuvor aus dem Gefrierfach.

Abnehm-Tipp!

Verwenden Sie anstelle von Joghurt mit 3,5 % Fett den fettarmen Joghurt.

© *Marco Mayer*-Fotolia.com

Erdbeermarmelade mit Banane

Zutaten für zwei Gläser

500 g Erdbeeren
1 Banane
1 Limone
½ Kaffeelöffel Agar Agar (Reformhaus)
½ Stange Vanille

20 bis 25 gestrichene Dosierlöffel SteviaSana - Steviosid Pulver-Extrakt

Zubereitung

Die Erdbeeren putzen (waschen, entstielen) und Achteln. Die Banane schälen und in kleine Stücke schneiden. Die Limone auspressen. Die halbe Vanilleschote auskratzen.

Die Gläser mit den Deckeln zum sterilisieren auskochen oder mit aus dem Wasserkocher gekochten Wasser befüllen.

Alle Zutaten zusammen mit dem Stevia und der Schote in einen großen Topf geben und leicht mit einem Kartoffelstampfer oder einer Gabel etwas zerdrücken. Das Ganze unter ständigen rühren 5 Minuten kochen lassen.

Den sich bildenden Schaum abschöpfen und anschließend die Vanilleschote heraus nehmen. Die Marmelade in die Gläser abfüllen.

Schlagsahne

Zutaten für 1 Becher Sahne

200 ml frische Sahne

1 gestrichene Dosierlöffel SteviaSana - Steviosid Pulver-
Extrakt
oder
10 Tropfen SteviaSana - flüssiges Stevia Konzentrat

Zubereitung

Die Sahne mit dem Steviapulver in eine Rührschüssel geben und mit einem Handrührgerät steif schlagen.

Hinweis!

Geben Sie das flüssige Stevia erst hinzu wenn die Sahne
bereits ein wenig angeschlagen (cremig) ist.

Abnehm-Tipp!

Verwenden Sie halb Sahne und halb Schmand. Eignet sich
besonders für Cremes und Torten da diese Kombination
schön cremig wird.

Tortenguß

Zutaten für 250 ml

2 Blätter Gelatine
250 ml Fruchtsaft, Wein oder Wasser

2 gestrichene Dosierlöffel SteviaSana - Steviosid Pulver-Extrakt
oder
20 Tropfen SteviaSana - flüssiges Stevia Konzentrat

Zubereitung

Den Fruchtsaft oder das Wasser zusammen mit dem Stevia aufkochen und den Topf von der Kochstelle

Die Gelatine in kaltem Wasser einweichen, anschließend gut ausdrücken und im Fruchtsaft oder Wasser auflösen.

Hinweis!

Je nach Verwendung von Wasser oder von mehr oder weniger süßen Fruchtsaft müssen Sie die Steviamenge Ihrem Geschmack anpassen.

© *Maria Brzostowska*-Fotolia.com

Heiße Kirschen

Zutaten für sechs bis acht Personen

1 Glas Sauerkirschen (680 g / Netto 350 g)
1-2 Kaffeelöffel Speisestärke

10 gestrichene Dosierlöffel SteviaSana - Steviosid Pulver-Extrakt
oder
100 Tropfen SteviaSana - flüssiges Stevia Konzentrat

Zubereitung

Geben Sie den Kirschsaft zusammen mit dem Stevia in einem Topf und kochen dieses auf.

Verrühren Sie die Stärke mit etwas Kirschsaft, rühren dieses unter. Anschließend die Kirschen zugeben und nochmals aufkochen.

Alternativ

Stark angedickte Kirschen für Torten als erste Lage (mit 4 KL Stärke abbinden!).

Champagner Sabayon

Zutaten für vier Personen

200 ml Champagner oder Sekt
3 Eigelbe
1 KL Zitronensaft
2 ganze Eier

10 gestrichene Dosierlöffel SteviaSana - Steviosid Pulver-Extrakt
oder
100 Tropfen (1 cl) SteviaSana - flüssiges Stevia Konzentrat

Zubereitung

Alle Zutaten mischen und über ein heißes Wasserbad mit einer Wassertemperatur von 75 Grad, für ca. 3 Minuten mit einem Schneebesen zu einer schaumigen Masse aufschlagen.

Benutzen Sie hierzu am besten eine Edelstahlschüssel.

Geben Sie das Sabayon zum Beispiel über Eis oder Fruchtsalat.

Verzeichnis der Rezepte

Stevia - Zuckerverhältnis

Zucker in ...				SteviaSana - Pulver in Dosierlöffel (0,1 ml)	SteviaSana - Pulver	SteviaSana - flüssig Konzentrat in ...					Wasser in ml/g - für Lösung
g	Kaffeelöffel	Esslöffel	Würfel		g	cl	ml	Ltr.	Tropfen	Esslöffel	(für SteviaSana flüssig Konz.)
10	---	---	3,0	1	0,03	---	1	---	10	---	1
15	2	1	4,5	1,5	0,05	---	1,5	---	15	---	1,5
50	6	3	14,5	5	0,17	---	5	---	50	---	5
100	12	6	29,5	10	0,33	1	10	---	100	1	10
500	60	30	147,0	50	1,67	5	50	---	500	5	50
1.000 (1 kg)	---	---	---	100	3,33	10	100	0,1	1000	10	100
5.000 (5 kg)	---	---	---	500	16,67	50	500	0,5	5.000	50	500 (0,5 Liter)
10.000 (10 kg)	---	---	---	1000	33,33	100	1000	1	1000	100	1.000 (1 Liter)
15.000 (15 kg)	---	---	---	1500	50,00	150	1500	1,5	1.500	150	1.500 (1,5 Liter)
30.000 (30 kg)	---	---	---	3000	100,00	300	3000	3	3000	300	3.000 (3 Liter)

1 **KL** gestrichener Zucker = 3,5 g
1 **KL** gehäufter Zucker = 7,5 g

1 **EL** gestrichener Zucker = 6 g
1 **EL** gehäufter Zucker = 15 g

1 Tüte Sahnesteif = 8 g (8 g = 3 gestrichene Kaffeelöffel)
1 Tüte Vanille Zucker = 8 g

Genießen Sie
die Leichtigkeit!

Mit Stevia & Erythritol

Trivuer – Moderne-Trennkost
Inh. Thomas Janßen
Am Hünenschloot 4

26487 Blomberg

FAX.: 03212-7838427
FAX-International: 0049-3212-7838427

Mail: Bestellung@SteviaSana.de

➔ Hier falzen für Fensterbriefumschlag

Wichtig! Ihre Kunden-Nummer:

Bestellschein (I) gültig ab 01.01.2010

Trivuer

Bestellt werden kann:
- per Post mit Bestellschein
- per eMail an: Bestellung@SteviaSana.de
- per Fax an: **03212-7838427**

Absender:

Firma: _____

Name, Vorname: _____

Straße: _____

PLZ, Wohnort: _____

Telefon/Fax: _____

eMail: _____

☐ **Vorauskasse** per Überweisung oder PayPal

☐ **Bankeinzug**

Konto: _____

BLZ: _____

Bank: _____

Privatpersonen-Bestellungen nur über Vorkasse!

Artikel-Nr.	Kurze Artikelbezeichnung	E.-Preis	Anzahl	Gesamtpreis
1001	Stevia FEIN (20 g)			
1012	Stevia FEIN (50 g)			
1011	Stevia FEIN (100 g-Nachfüllbeutel)			
1010	Dosierlöffel			
1002	Stevia flüssig (100 ml)			
1005	Erythritol PUR (200 g)			
1007	Stevia GOLD (200 g)			

Versand- und Verpackungskosten werden für Bestellungen zuzüglich berechnet!	Bei Bestellungen bis 200,00 € 3,90 € Versandkosten Versandkostenfrei ab 200,00 € Bestellwert	**Summe**	

Nur bei Bankeinzug:

Hiermit ermächtige ich die Firma **Trivuer – Moderne-Trennkost (Inh. Thomas Janßen)** widerruflich* die von mir zu entrichtenden Rechnungsbeträge bei Fälligkeit zu Lasten meines obenstehenden Kontos mittels Lastschrift abzubuchen (Bei Nichtzutreffen bitte streichen).

Als Privater-Sammelbesteller erhalten Sie folgenden Rabatt auf alle Artikel der Endverbraucher-Preisliste:

ab 100,00 €	5 % Rabatt
ab 250,00 €	10 % Rabatt

Als Stammkunde erhalten Sie 5 % Rabatt

Ich bin Privater-Sammelbesteller	☐ ja
Ich bin Stammkunde (ab 3 Bestellung)	☐ ja

Bestellauftrag erteilt: _____

(Datum / verbindliche Unterschrift)

*Der Widerruf hat in jedem Falle schriftlich zu erfolgen.

Trivuer – Moderne Trennkost
Inhaber: Thomas Janßen
Am Hünenschloot 4
26487 Blomberg
Steuer-Nr.: 071/120/04749
USt-IdNr.: DE 246397374

Bankverbindung:
Sparkasse Leer Wittmund
Kto.-Nr. 100 273 630
BLZ 28 550 000
IBAN: DE16285500000100273630
SWIFT/BIC: BRLADE21LER

Telefon: 03212- 7838427
Fax: 03212- 7838427
eMail: Info@Steviasana.de
Website: **www.SteviaSana.de**

PayPal: Zahlung@SteviaSana.de

Michaels Verlag & Vertrieb GmbH
Ammergauer Str. 80 - 86971 Peiting, Tel.: 08861-59018
Fax: 08861-67091, e-mail: info@michaelsverlag.de
Internet: www.michaelsverlag.de

Emma Graf: Band 1, **Getreideküche**
im Rhythmus der Wochentage
EUR 12,90 ISBN: 978-3-92505-104-3(Paperback)
Die Autorin bietet eine Fülle von schmackhaften
Anregungen für eine Ernährung, die im Einklang mit dem
Rhythmus der Woche und dem Planetenrhythmus steht.
Die Rezepte für die einzelnen Tage sind leicht zu finden,
denn zum praktischen Umgang ist jedem Tag eine bestimm-
te Farbe zugeordnet.

Emma Graf: Band 2, **Bewußt ernähren im**
Rhythmus der Wochentage
EUR 12,90 ISBN: 978-3-92505-136-4 (Paperback)
Nach dem Longseller „Getreideküche im Rhythmus der
Wochentage" hat Emma Graf wieder eine Vielzahl von
leckeren Rezeptvorschlägen zusammengetragen. Sie zeigt,
wie leicht und einfach der Einstieg in die gesunde Voll-
wertküche sein kann. Ein Buch für Einsteiger, ein Buch für
Erfahrene.

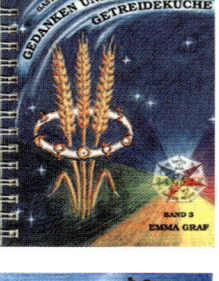

Emma Graf: Band 3

Rezepte zur Getreideküche

EUR 12,90 ISBN: 978-3-89539-443-0 (Paperback)
Neben den Nähr- und Heilwerten der jeweiligen Pflanze
erfährt der Leser etwas über die Kulturgeschichte und den
Anbau. Und doch ist auch dieses Buch einmal mehr ein
Buch aus der Praxis für die Praxis: randvoll mit schmackhaften Rezepten. Ein interessantes, lesenswertes Werk –
ein liebevoll erstelltes Kochbuch.

Emma Graf: Band 4

Das Single-Kochbuch

EUR 12,90 ISBN: 978-3-89539-446-1 (Paperback)
Nun ist der 4. Titel von Emma Graf erschienen, die mit
ihren Kochbuch-Bestsellern inzwischen eine Gesamtauf-
lage von 120.000 Büchern erreicht hat. Das Single-Koch-
buch beinhaltet eine Vielzahl von Rezepten, die einfach,
schnell, preiswert, schmackhaft und gesund zuzubereiten
sind.

Michaels Verlag & Vertrieb GmbH
Ammergauer Str. 80 - 86971 Peiting, Tel.: 08861-59018
Fax: 08861-67091, e-mail: info@michaelsverlag.de
Internet: www.michaelsverlag.de

Petra Kühne

Getreidedrinks

Euro 10,80 ISBN 978-3-89539-398-3

Getreidedrinks erobern seit einigen Jahren die Küche. „Reismilch" war das erste dieser Getränke, das in der veganen Ernährung und von Milchallergikern verwendet wurde. Allerdings kann man aus allen Getreidearten solche milchigen Getreide-Getränke herstellen, wenn man entsprechende Verfahren verwendet. Dieses Buch zeigt, dass Getreidedrinks mehr als Milchersatz sind und einen positiven Beitrag in der Ernährung leisten können.

Liesl Werr

Das große QUINOA Kochbuch

EUR 14,90 ISBN: 3-92505-149-X (Hardcover)

Quinoa, das Wunderkorn aus den Anden, findet immer mehr AnhängerInnen. Liesl Werr gibt ihre Erfahrungen, die sie in den Jahren seit Quinoa auf dem Markt ist, gemacht hat, in Form einer großen Rezeptsammlung weiter. Ein schön bebildertes Vollkornkochbuch und das erste deutsche Quinoa-Kochbuch.

Margot Steinbicker

Lisa und ihre Stowis

EUR 9,90 ISBN: 3-89539-445-9 (Hardcover)

Seit Jahren begeistert dieses Kindersachbuch Kinder, Eltern und ErzieherInnen. Mit kindgemäßen Worten und wunderschönen Bildern erfährt das Kind etwas über seinen Stoffwechsel, vom Kampf der Stowis und was das Kind Positives dazu tun kann – z.B. durch das, was es ißt. Ein liebevolles Buch.

Michaels Verlag & Vertrieb GmbH
Ammergauer Str. 80 - 86971 Peiting, Tel.: 08861-59018
Fax: 08861-67091, e-mail: info@michaelsverlag.de
Internet: www.michaelsverlag.de